W0384956

Brunch & slunch

Corinne Jausserand
Photographies de Caroline Faccioli

Albums

Sommaire

RECETTES SUCRÉES

BOISSONS FROIDES ET CHAUDES

Le brunch, pour les lève-tard !

Le mot brunch associe les termes anglais « breakfast » (petit déjeuner) et « lunch » (déjeuner). Il se prend généralement le week-end, après une grasse matinée, quand on a envie de prendre son temps et remplace avantageusement le petit déjeuner et le déjeuner.

Le brunch est informel, basé sur la convivialité, la diversité et la gourmandise. Traditionnellement, au restaurant, il se sert entre 11 heures et 14 heures, mais chez soi tout est permis.

Comment composer un brunch ?

Piochez au gré de vos envies dans le sucré et le salé, et ajoutez boissons chaudes et froides.

Le sucré : Servez d'abord les ingrédients d'un petit déjeuner classique. Brioches, pancakes au sirop d'érable, scones, confitures et marmelades variées… N'oubliez pas les laitages, qui sont très importants et associez-les à des céréales ou à des fruits frais.

Le salé : Enchaînez avec les plats salés. Là, une règle incontournable : pas de brunch sans œufs ! Ces derniers ont en effet la part belle sur la table du brunch. Proposez au choix œufs brouillés, omelettes variées ou encore œufs pochés, cocotte ou Benedict. Le plus souvent, ils sont accompagnés de bacon grillé, de petites saucisses ou de saumon fumé. Les salades trouvent aussi leur place dans ces assiettes : le coleslaw est la plus typique, mais une simple salade verte peut tout aussi bien faire l'affaire.

Les boissons : Un brunch ne peut se concevoir sans thé, café, chocolat chaud et jus de fruits frais pressés servis à volonté. Milk-shakes ou smoothies, à base de fruits frais, vous permettront de faire le plein de vitamines et seront du plus bel effet. Enfin, rien ne vous empêche de proposer des cocktails ou même un peu de vin…

Le slunch, pour les couche-tôt !

Le slunch est la nouvelle tendance du dimanche soir.

Contraction des mots anglais « supper » (dîner) et « lunch » (déjeuner), le slunch est français ! C'est un goûter dînatoire à partager en toute simplicité entre amis autour d'une table basse.

Pas question donc de se compliquer la vie ! Ne passez pas le week-end en cuisine, privilégiez des recettes simples et rapides à préparer. Et organisez-vous ! Préparez le maximum de plats le matin, voire la veille.

Les cakes, muffins et frittatas se font la veille et se réchauffent au dernier moment. Scones, madeleines et muffins, conservés dans une boîte hermétique, gardent toute leur saveur. Les caviars de légumes sont même meilleurs cuisinés à l'avance… Cuisez les blinis le matin et passez-les au four à micro-ondes avant de les servir : ils seront tout aussi bons. Congelez même la plupart de ces plats, vous les aurez sous la main le jour où vous recevrez !

Comment composer un slunch ?

Sluncher, c'est manger avec les doigts, sans assiette et sans couverts, c'est pour cela que l'on parle de « finger food ». On dispose tous les plats sur la table basse et chacun picore ce dont il a envie.

Le sucré : Le slunch débute par un goûter classique où on propose des mets sucrés : madeleines, scones, muffins, cheesecakes…

Le salé : Puis on passe aux plats salés. Mini-cakes, mini-frittatas, bâtonnets de crudités, petites grenailles à la tapenade, caviar de légumes maison à tartiner sur des toasts… Les mini-portions sont à l'honneur ! Rien n'empêche d'ajouter sur la table des mini-verrines, des soupes variées présentées dans de petits verres à boire à la paille, des minis-quiches…

Les boissons : Commencez par des boissons chaudes, infusions, thé ou café, puis proposez à vos convives des smoothies ou des milk-shakes aux parfums variés. Au fur et à mesure que la soirée avance, servez des cocktails, du champagne ou du vin.

Œufs brouillés

PRÉPARATION : 5 MIN

CUISSON : 10 MIN

POUR 6 PERSONNES

> 12 œufs
> 25 g de beurre
> 3 cuill. à soupe de crème fraîche épaisse
> sel et poivre du moulin

Cassez les œufs dans un saladier. Battez-les légèrement à l'aide d'une fourchette.

Faites fondre le beurre dans une casserole à fond épais afin que la préparation n'attache pas. Versez les œufs et faites cuire à feu très doux en remuant sans cesse à l'aide d'un fouet. Quand les œufs commencent à prendre une consistance plus ferme, retirez-les du feu. Attention, ne les laissez pas trop cuire : vous devez les ôter du feu alors qu'ils ne sont pas encore complètement pris.

Hors du feu, ajoutez la crème pour obtenir une consistance crémeuse. Salez et poivrez. Remuez et servez aussitôt.

Suggestion : 1 minute avant la fin de la cuisson, juste avant d'ajouter la crème, incorporez quelques copeaux de parmesan ou de cantal jeune.

Œufs pochés

PRÉPARATION : 5 MIN

CUISSON : 3 MIN PAR ŒUF

POUR 6 PERSONNES

> 2 cuill. à soupe de vinaigre blanc
> 6 œufs
> sel et poivre du moulin

Portez à frémissements une casserole d'eau et ajoutez le vinaigre blanc. Cassez 1 œuf dans un ramequin, puis versez délicatement l'œuf dans l'eau chaude. L'eau ne doit pas bouillir mais juste frémir. Laissez cuire l'œuf 3 minutes en veillant à ramener le blanc vers le jaune à l'aide d'une cuillère à soupe. Retirez l'œuf à l'aide d'une écumoire et égouttez-le sur du papier absorbant. Procédez ainsi pour les autres œufs, que vous pocherez l'un après l'autre.

Suggestion : Grillez une tartine de pain de campagne sur laquelle vous disposez 1 ou 2 tranches de bacon grillé. Terminez en déposant l'œuf poché sur le bacon. Salez et poivrez.

Omelette

PRÉPARATION : 5 MIN
CUISSON : 10 MIN
POUR 6 PERSONNES

> 12 œufs
> 30 g de beurre
> sel et poivre du moulin

Battez les œufs en omelette à l'aide d'une fourchette. Salez et poivrez.

Faites fondre le beurre dans une grande poêle. Versez-y les œufs. Laissez cuire à feu moyen environ 4 ou 5 minutes en remuant les œufs avec une spatule en bois en début de cuisson. Lorsque l'omelette est presque cuite mais encore légèrement baveuse, pliez-la en deux dans la poêle.

Suggestion : Dans une omelette, il est possible d'ajouter une grande variété de garnitures ; pommes de terre sautées, oignons, poivrons coupés en lamelles, fromage râpé, champignons émincés…

Œufs cocotte

PRÉPARATION : 10 MIN
CUISSON : 15 MIN
POUR 6 PERSONNES

> beurre pour les ramequins
> 6 œufs
> 6 cuill. à soupe de crème fraîche épaisse
> sel et poivre du moulin

Préchauffez le four à 180 °C (therm. 6).

Beurrez six ramequins. Cassez 1 œuf dans chaque ramequin et ajoutez 1 cuillerée à soupe de crème dans chaque. Salez et poivrez.

Faites cuire les œufs au bain-marie : pour cela, disposez les ramequins dans un plat à four rempli d'eau tiède au 1/3 de la hauteur des ramequins. Enfournez les œufs cocotte dans ce bain-marie et laissez-les cuire de 10 à 15 minutes. Quand ils sont cuits, retirez-les du four et servez aussitôt. 20 min

Suggestion : Une fois sortis du four, ciselez sur le dessus des œufs cocotte un peu de ciboulette.

Une façon originale de déguster des œufs et du bacon. Si vous aimez le mélange sucré-salé, vous pouvez verser sur votre mille-feuille un peu de sirop d'érable. Vous verrez, c'est délicieux !

Mille-feuilles de bacon et œufs brouillés

PRÉPARATION : 25 MIN

CUISSON : 15 MIN

POUR 4 PERSONNES

> 12 tranches de bacon
> 8 œufs
> 30 g de beurre
> 2 cuill. à soupe de crème fraîche épaisse
> sel et poivre du moulin

Préchauffez le gril du four à 210 °C (therm. 7).

Disposez les tranches de bacon sur une plaque de cuisson antiadhésive ou couverte de papier sulfurisé. Enfournez la plaque dans la partie supérieure du four. Grillez les tranches de bacon (comptez 1 ou 2 minutes de chaque côté) en les retournant lorsqu'elles commencent à se colorer. Réservez-les. Elles doivent avoir durci et ressembler un peu à de grosses chips.

Cassez les œufs dans un saladier. Battez-les légèrement à l'aide d'une fourchette. Faites fondre le beurre dans une casserole à fond épais afin que la préparation n'attache pas. Versez les œufs et faites cuire à feu très doux en remuant sans cesse à l'aide d'un fouet. Quand les œufs commencent à avoir une consistance plus ferme, retirez-les du feu. Hors du feu, ajoutez la crème afin d'obtenir une consistance crémeuse. Salez et poivrez. Remuez.

Montez aussitôt les mille-feuilles. Disposez dans chaque assiette 1 tranche de bacon, versez dessus 1 cuillerée à soupe d'œufs brouillés, puis superposez à nouveau 1 tranche de bacon et 1 cuillerée d'œufs et enfin 1 tranche de bacon. Servez aussitôt.

Conseils : Si vous faites cuire les tranches de bacon à la poêle, il suffit de bien les saisir. Pour un côté plus festif, incorporez quelques brisures de truffe aux œufs battus avant de les cuire.

À picorer du bout des doigts, ces petits omelettes italiennes remporteront un franc succès lors de votre slunch ! Afin de ne pas être débordé le jour J, préparez les frittatas la veille et réchauffez-les au moment de servir. L'été, dégustez-les froides !

Frittatas aux oignons caramélisés, pancetta et pommes de terre

PRÉPARATION : 15 MIN

CUISSON : 25 MIN

POUR 12 FRITTATAS

> 6 petites pommes de terre
> 1 gros oignon rouge
> 2 cuill. à soupe d'huile d'olive
> 1 cuill. à café de sucre semoule
> 12 tranches fines de pancetta
> 3 œufs
> 10 cl de crème liquide
> 50 g de parmesan râpé
> quelques brins de thym
> sel et poivre du moulin

Préchauffez le four à 180 °C (therm. 6). Utilisez de préférence un moule à muffins en silicone comportant douze alvéoles. Si le moule est en métal, garnissez le fond des alvéoles de papier sulfurisé.

Pelez les petites pommes de terre. Lavez-les. Mettez-les à cuire 10 minutes dans une casserole d'eau bouillante. Égouttez-les. Attendez qu'elles refroidissent un peu et coupez-les en fines rondelles ou en demi-rondelles, si elles sont un peu grosses.

Émincez l'oignon et faites-le dorer 5 minutes dans une poêle avec l'huile d'olive. Ajoutez 1 cuillerée à café de sucre dans la poêle et laissez caraméliser pendant 1 ou 2 minutes.

Disposez en alternance dans les alvéoles du moule de l'oignon caramélisé, des pommes de terre et l'équivalent de 1 tranche de pancetta coupée en lanières par frittata.

Dans une jatte, fouettez ensemble les œufs, la crème liquide et le parmesan. Salez, poivrez et parsemez de brins de thym.

Versez ce mélange dans les alvéoles jusqu'aux 2/3 de leur hauteur. Enfournez et faites cuire 20 minutes. Les frittatas doivent être dorées. Attendez 5 minutes avant de les démouler.

Variante : De la même manière, confectionnez des frittatas aux asperges et au saumon fumé.

Voici une recette typique que l'on trouve dans de nombreux brunchs américains ! C'est un plat très complet. Vous pouvez l'accompagner de petites pommes de terre sautées ou d'un mesclun et remplacer le bacon par du saumon fumé. Délicieux !

Œufs Benedict

PRÉPARATION : 30 MIN

CUISSON : 20 MIN

POUR 4 PERSONNES

> 2 muffins
> 4 tranches de bacon
> 4 œufs
> 2 cuill. à soupe de vinaigre blanc

Pour la sauce hollandaise

> le jus de 1 citron
> 2 jaunes d'œufs
> 160 g de beurre
> sel et poivre du moulin

Préparez la sauce hollandaise. Versez 2 cuillerées à soupe d'eau dans une petite casserole. Ajoutez la moitié du jus de citron. Portez à ébullition et laissez réduire de moitié. Retirez du feu et ajoutez les jaunes d'œufs. Remettez à feu très doux 2 ou 3 minutes sans cesser de fouetter. Le mélange doit être épais et mousseux. Hors du feu, ajoutez le beurre petit à petit sans cesser de mélanger. La sauce doit monter comme une mayonnaise. Ajoutez le reste du jus de citron, salez et poivrez. Réservez la sauce dans un bain-marie afin qu'elle ne fige pas.

Coupez les muffins en deux et faites-les griller. Faites dorer les tranches de bacon dans une poêle. Réservez.

Pochez les œufs l'un après l'autre. Pour cela, portez de l'eau à frémissements dans une casserole et ajoutez le vinaigre blanc. Cassez 1 œuf dans un ramequin, puis versez délicatement l'œuf dans l'eau. Elle ne doit pas bouillir mais juste frémir. Laissez cuire 3 minutes en ramenant le blanc vers le jaune avec une cuillère à soupe. Retirez l'œuf à l'aide d'une écumoire et égouttez-le sur du papier absorbant. Procédez de même pour les œufs restants.

Dressez les assiettes en déposant dans chacune une moitié de muffin, surmontée de 1 tranche de bacon puis de 1 œuf poché. Nappez de sauce hollandaise chaude. Servez aussitôt.

Voici une recette idéale pour un brunch improvisé car elle est rapide et simple. N'oubliez pas de servir vos œufs cocotte accompagnés de mouillettes de pain grillé !

Œufs cocotte au saumon fumé

PRÉPARATION : 10 MIN
CUISSON : 10 À 15 MIN

POUR 4 PERSONNES

> beurre pour les ramequins
> 2 belles tranches de saumon fumé
> 4 œufs
> 4 cuill. à soupe de crème fraîche épaisse
> 4 brins de ciboulette
> sel et poivre du moulin

Préchauffez le four à 180 °C (therm. 6).

Beurrez quatre ramequins. Coupez le saumon en fines lanières. Disposez un peu de saumon au fond des ramequins, puis cassez 1 œuf dans chacun et ajoutez 1 cuillerée à soupe de crème. Parsemez à nouveau de quelques lanières de saumon. Salez et poivrez.

Faites cuire les œufs au bain-marie. Pour cela, disposez les ramequins dans un plat à four rempli d'eau tiède au 1/3 de sa hauteur. Enfournez les œufs cocotte dans ce bain-marie et laissez cuire de 10 à 15 minutes. Après avoir retiré les œufs du four, ciselez sur le dessus un peu de ciboulette et servez aussitôt.

Variantes : Remplacez le saumon par du chorizo et saupoudrez le tout de piment d'Espelette. Ajoutez aussi 2 ou 3 tomates cerises et un peu de comté râpé.

Conseil : Si vous avez un peu de temps, pourquoi ne pas réaliser des mouillettes plus originales ? Pour cela, parsemez une pâte feuilletée prête à l'emploi, au choix, de graines de fenouil, de pavot ou de sésame. Taillez des bandes d'environ 2 cm de large et 12 cm de long. Tordez celles-ci de façon à former des flûtes torsadées. Disposez-les sur une plaque de four recouverte de papier sulfurisé et enfournez pour environ 10 minutes jusqu'à ce qu'elles soient dorées.

Les muffins font toujours beaucoup d'effet et sont très appréciés. Leur texture moelleuse et légère est très agréable.

Muffins aux tomates confites, pignons et roquette

PRÉPARATION : 20 MIN

CUISSON : 25 MIN

POUR 12 À 15 MUFFINS

> 300 g de farine
> 1 sachet de levure chimique
> 70 g d'emmental râpé
> 3 œufs
> 200 g de fromage blanc
> 10 cl de lait
> 70 g de beurre
> 10 tomates confites
> 1 poignée de roquette
> 50 g de pignons de pin
> sel et poivre du moulin

Préchauffez le four à 180 °C (therm. 6).

Dans un saladier, mélangez la farine, la levure et l'emmental râpé. Dans un autre saladier, fouettez les œufs avec le fromage blanc, le lait, le beurre fondu, du sel et du poivre.

Découpez les tomates confites en petits cubes et ciselez les feuilles de roquette. Faites griller légèrement à sec les pignons dans une petite poêle.

Mélangez le contenu des deux saladiers sans trop agiter la pâte et incorporez-y délicatement les tomates, la roquette et les pignons.

Répartissez la pâte dans des caissettes à muffins ou dans des moules en silicone. Remplissez les moules aux 3/4 de leur hauteur, afin que la pâte ne déborde pas quand les muffins vont gonfler. Enfournez et faites cuire 25 minutes. Servez chaud ou tiède.

Suggestion : Ces muffins peuvent être préparés la veille. Une fois sortis du four, attendez qu'ils refroidissent, puis rangez-les dans une boîte hermétique ou dans un sac à congélation au réfrigérateur. Le lendemain, passez-les à four doux pour les réchauffer avant de les déguster. Vous pouvez aussi les congeler.

Variante : Changez les ingrédients à l'infini en fonction de ce que vous avez chez vous. N'hésitez pas à vous lancer ! Essayez avec de la courgette, de la coriandre, du jambon, des cœurs d'artichaut…

Ces petits pains ronds troués au milieu font le régal des jeunes qui peuvent le garnir à leur guise ! Le bagel est un grand classique, incontournable si vous allez bruncher à New York ! Vous les trouverez très facilement en grande surface vendus sous vide, ou même dans les magasins de produits surgelés.

Bagels au saumon fumé

PRÉPARATION : 10 MIN

CUISSON : 2 MIN

POUR 2 BAGELS

> 2 bagels
> 4 cuill. à soupe de fromage frais ou de ricotta
> le jus de 1/2 citron
> 1 cuill. à soupe bombée d'aneth ciselé
> 1 cuill. à soupe de ciboulette ciselée
> 1 avocat
> 2 tranches de saumon fumé
> sel et poivre du moulin

Coupez les bagels en deux dans l'épaisseur. Faites griller les quatre moitiés ainsi obtenues au four ou au grille-pain. Dans un bol, mélangez le fromage frais, le jus de citron, l'aneth et la ciboulette. Salez légèrement et poivrez.

Coupez l'avocat en deux dans la longueur. Ôtez le noyau et la peau. Détaillez chaque moitié d'avocat en fines lamelles. Citronnez-les légèrement.

Tartinez les quatre demi-bagels de fromage frais aux herbes. Répartissez sur deux moitiés les lamelles d'avocat et enfin les tranches de saumon fumé. Refermez les sandwichs avec les deux moitiés de bagel restantes. Dégustez.

Variante : Utilisez de la truite fumée à la place du saumon et du concombre, des radis ou quelques feuilles de sucrine à la place de l'avocat.

Vous n'aviez pas prévu que vos invités restent sluncher ? Aucun problème ! Réalisez cette recette avec ce que vous avez dans vos placards, la pâte étant toujours la même. Alors personnalisez votre cake avec des courgettes, des tomates, de la feta, du basilic, du jambon…

Cake aux olives et au thym

PRÉPARATION : 15 MIN
CUISSON : 30 MIN

POUR 6 À 8 PERSONNES

> 75 g d'olives violettes
> 75 g d'olives vertes
> quelques brins de thym

Pour la pâte

> 3 œufs
> 150 g de farine
> 1 sachet de levure
> 12 cl de lait entier
> 10 cl d'huile d'olive
> 80 g de gruyère râpé
> sel et poivre du moulin

Préchauffez le four à 180 °C (therm. 6).

Si vos olives ne sont pas dénoyautées, faites-le avant de les couper en rondelles. Réservez.

Préparez la pâte. Dans une jatte, fouettez les œufs avec la farine, la levure, du sel et du poivre. Faites tiédir le lait et l'huile et incorporez-les au mélange jusqu'à obtention d'une pâte lisse. Ajoutez le gruyère râpé. Mélangez à nouveau.

Incorporez les olives ainsi que le thym à la pâte.

Répartissez la pâte dans des petits moules à cake en silicone. Enfournez et faites cuire pendant 30 minutes. Les cakes doivent être dorés et lorsque vous enfoncez un couteau dans la pâte, ce dernier doit en ressortir sec.

Variante : Remplacez les olives par des abricots secs coupés en petits cubes et ajoutez du romarin et 50 g de chèvre émietté.

Conseil : Si vous n'avez pas de moules individuels, utilisez un moule à cake classique, mais comptez 45 minutes de cuisson.

Tartines à la ricotta, avocat et crevettes

PRÉPARATION : 15 MIN
POUR 4 TARTINES

- > 1/2 baguette de pain
- > 1 gros avocat
- > 12 crevettes roses
- > 150 g de ricotta
- > le jus de 1/2 citron vert
- > 1 cuill. à soupe de ciboulette
- > poivre du moulin
- > 1 cuill. à café de fleur de sel

Coupez la demi-baguette en deux, recoupez à nouveau chaque morceau de pain en deux dans le sens de la longueur. Faites griller les tranches de pain. Coupez l'avocat en deux. Retirez la peau et le noyau, puis détaillez-le en lamelles. Décortiquez les crevettes roses.

Dans un bol, mélangez la ricotta avec le jus de citron vert, la ciboulette et du poivre. Étalez cette préparation sur le pain grillé. Disposez quelques lamelles d'avocat sur la ricotta puis 2 ou 3 crevettes. Parsemez le tout de ciboulette et de fleur de sel.

Tartines au chèvre, bresaola et radis roses

PRÉPARATION : 10 MIN
POUR 4 TARTINES

- > 4 tranches de pain aux céréales
- > 1/2 botte de radis roses
- > 150 g de fromage de chèvre frais
- > 12 tranches très fines de bresaola (à défaut, viande des Grisons)
- > 2 cuill. à soupe d'huile d'olive
- > 4 cuill. à soupe de pousses germées (alfalfa de radis roses)
- > sel et poivre du moulin

Faites griller les tranches de pain. Lavez les radis et retirez les fanes puis coupez-les en rondelles.

Étalez le fromage frais sur les tartines. Salez et poivrez. Disposez 3 tranches de bresaola sur chaque tartine. Parsemez de rondelles de radis. Versez un filet d'huile d'olive et ajoutez 2 ou 3 pincées de pousses germées pour décorer.

Tartines au bleu, poire et pistaches

PRÉPARATION : 10 MIN
POUR 4 TARTINES

- > 4 tranches de pain Poilâne ou de campagne
- > 1 belle poire ou 2 petites
- > le jus de 1 citron
- > 150 g de bleu (bleu d'Auvergne, bleu des Causses ou gorgonzola)
- > 30 g de beurre mou
- > 3 cuill. à soupe de pistaches décortiquées
- > poivre du moulin

Faites griller les tranches de pain. Pelez et coupez la poire en fines lamelles et citronnez-les légèrement.

Dans un bol, mélangez le bleu, le beurre et 2 cuillerées à café de pistaches concassées. Étalez ce mélange sur les tranches de pain grillé. Disposez quelques lamelles de poires puis saupoudrez du reste de pistaches concassées. Poivrez.

PRÉPARATION : 20 MIN
CUISSON : 30 À 40 MIN
POUR 8 PERSONNES

> 6 poivrons rouges
> 1 gousse d'ail
> 1 petit oignon
> le jus de 1 citron
> 5 cuill. à soupe d'huile d'olive
> 1 pincée de cumin en poudre
> sel et poivre du moulin

Caviar de poivrons

Préchauffez le four à 180 °C (therm. 6). Faites griller les poivrons dans un plat à four de 30 à 40 minutes en les retournant de temps en temps. Ils doivent confire. Retirez-les du four et mettez-les aussitôt à refroidir dans un sac en plastique. Émincez finement l'ail et l'oignon. Quand les poivrons ont refroidi, ôtez la peau et les graines. Mettez les poivrons dans le bol d'un mixeur avec l'oignon et l'ail. Mixez par impulsions légères. Incorporez petit à petit le jus de citron et l'huile d'olive. Mixez à nouveau. Salez, poivrez et ajoutez le cumin. Réservez au frais.

PRÉPARATION : 5 MIN
POUR 8 PERSONNES

> 100 g de tomates séchées à l'huile
> 4 cuill. à soupe de pulpe de tomate
> 2 cuill. à soupe de pignons de pin
> une dizaine de feuilles de basilic
> 15 cl d'huile d'olive
> sel et poivre du moulin

Caviar de tomates

Mettez tous les ingrédients, à l'exception de l'huile d'olive, dans le bol d'un robot. Mixez par impulsion tout en incorporant petit à petit l'huile. La texture doit rester légèrement granuleuse. Rectifiez la quantité d'huile selon votre goût ou la consistance désirée. Salez et poivrez.

PRÉPARATION : 20 MIN
CUISSON : 30 À 40 MIN
RÉFRIGÉRATION : 2 H
POUR 8 PERSONNES

> 2 aubergines bien charnues
> 1 ou 2 petits oignons
> le jus de 1 citron
> 5 cuill. à soupe d'huile d'olive
> sel et poivre du moulin

Caviar d'aubergines

Préchauffez le four à 170 °C (therm. 5-6). Piquez les aubergines avec une fourchette. Mettez-les entières sur la grille du four à mi-hauteur pendant 30 à 40 minutes. La peau doit se friper. Placez les aubergines dans une passoire. Coupez-les en deux dans la longueur et laissez-les refroidir. Pendant ce temps, émincez finement l'oignon. Retirez la chair des aubergines et réduisez-la en purée avec une fourchette. Ajoutez l'oignon et le jus de citron. Incorporez l'huile d'olive en filet tout en continuant de remuer. Salez et poivrez. Placez au frais au moins 2 heures.

PRÉPARATION : 5 MIN
POUR 8 PERSONNES

> 1/2 oignon
> 250 g de fonds d'artichaut en conserve
> 1 cuill. à coupe de pignons de pin
> 2 cuill. à soupe d'huile d'olive
> le jus de 1/2 citron
> 1 cuill. à soupe bombée de basilic frais
> sel et poivre du moulin

Caviar d'artichauts

Émincez l'oignon. Mettez tous les ingrédients dans le bol d'un robot. Mixez 1 ou 2 minutes selon la consistance que vous voulez obtenir. Versez dans un bol. Servez frais.

Conseil : Anticipez en les préparant la veille... Ils seront même meilleurs !

Le coleslaw est une salade typiquement américaine. Là-bas, chaque famille a sa propre recette. Alors n'hésitez pas à personnaliser celle-ci ! Servez cette salade croquante accompagnée d'œufs brouillés et de bacon.

Coleslaw

PRÉPARATION : 15 MIN
RÉFRIGÉRATION : 2 OU 3 H

POUR 4 À 6 PERSONNES

> 3 carottes
> 1/2 chou blanc

Pour la sauce

> 4 cuill. à soupe de mayonnaise
> 3 cuill. à soupe de yaourt nature
> 3 cuill. à soupe de vinaigre doux (vinaigre de cidre)
> 1 cuill. à soupe de sucre en poudre
> sel et poivre du moulin

Pelez les carottes et râpez-les. Émincez le chou en fine julienne à l'aide d'un couteau. Mélangez tous ces ingrédients dans un saladier.

Préparez la sauce. Mélangez dans un bol la mayonnaise, le yaourt, le vinaigre et le sucre. Salez et poivrez.

Versez la sauce sur les légumes râpés et placez le coleslaw au réfrigérateur. Afin que les légumes s'imprègnent mieux de la sauce, l'idéal est de le laisser au moins 2 ou 3 heures au frais.

Variantes : Il existe plusieurs façons de réaliser un coleslaw. Vous pouvez y ajouter des raisins secs, des cerneaux de noix, des pignons de pin... Une pomme verte émincée apportera une note acidulée. Et, si vous êtes au régime, utilisez de la mayonnaise allégée !

Pour changer des traditionnels bâtonnets de crudités, ajoutez quelques fruits coupés à déguster accompagnés de petites sauces aux saveurs variées ! Le mélange sucré-salé est très agréable et apporte une pointe d'originalité à votre slunch.

Bâtonnets de fruits et de crudités et leurs dips

PRÉPARATION : 30 MIN

POUR 6 PERSONNES

> 4 carottes
> 1 concombre
> 2 poires
> 1 mangue
> 2 endives
> 1/2 bulbe de fenouil
> 1 botte de radis
> 1/2 ananas
> sel et poivre du moulin

Pour le dip au fromage blanc

> 250 g de fromage blanc
> 2 cuill. à soupe de ciboulette ciselée
> 1 cuill. à soupe d'aneth ciselé
> le jus de 1/2 citron
> 3 cuill. à soupe d'huile d'olive
> 2 pincées de baies roses

Pour le dip au cumin

> 100 g de mayonnaise
> 1 yaourt brassé nature
> 1 petite échalote
> 1 cuill. à café de cumin en poudre
> 2 cuill. à soupe de coriandre ciselée

Pour le dip au curry

> 150 g de fromage blanc
> 100 g de feta
> 1 pomme verte granny pelée et coupée en quartiers
> 1 cuill. à café de curry

Préparez les bâtonnets de fruits et de crudités. Pelez les carottes, lavez-les et coupez-les en bâtonnets. Faites de même avec le concombre, les poires et la mangue. Lavez les endives, ôtez la base sur environ 1 cm, puis coupez-les en deux dans le sens de la longueur et chaque moitié encore en deux. Lavez le bulbe de fenouil et coupez-le en deux, puis en bâtonnets. Lavez les radis, coupez les racines et une partie des fanes en n'en laissant que 1 cm. Pelez l'ananas, coupez le en deux, puis en grandes tranches dans l'épaisseur. Détaillez ces tranches en bâtonnets.

Disposez tous les fruits et les crudités dans différents petits bols.

Préparez chaque dip en mélangeant tous les ingrédients ensemble. Salez et poivrez les dips à votre goût. Servez-les avec les bâtonnets de fruits et de crudités à tremper dedans.

Variante : Changez les fruits et les crudités selon ce que vous avez chez vous, ou ce que vous trouverez au marché.

Si vous êtes pressé, n'hésitez pas à utiliser de la tapenade toute prête que l'on trouve très facilement en grande surface ou en épicerie fine ! Ce plat est idéal pour un slunch entre amis. Servez-le, de préférence, tiède.

Grenailles à la tapenade

PRÉPARATION : 1 H 10

CUISSON : 1 H

POUR 6 PERSONNES

> 1 kg de pommes de terre de type grenaille
> 5 cuill. à soupe d'huile d'olive
> quelques brins de romarin
> 1 cuill. à soupe de thym
> sel de Guérande

Pour la tapenade

> 250 g d'olives noires dénoyautées
> 100 g de filets d'anchois à l'huile
> 1 gousse d'ail
> 120 g de câpres au vinaigre
> 15 cl d'huile d'olive
> poivre

Préchauffez le four à 170 °C (therm. 5-6).

Lavez les pommes de terre et frottez-les bien. Placez-les dans la lèchefrite du four. Arrosez-les d'huile d'olive. Parsemez de romarin et de thym frais ciselés et de sel de Guérande. Enfournez pour environ 1 heure en remuant de temps en temps.

Pendant ce temps, préparez la tapenade. Hachez grossièrement les olives à l'aide d'un couteau ainsi que les filets d'anchois préalablement égouttés. Pelez la gousse d'ail. Mettez les olives, les anchois, les câpres égouttées et la gousse d'ail dans le bol d'un robot. Mixez le tout pour obtenir une pâte et ajoutez progressivement l'huile d'olive comme si vous montiez une mayonnaise. Ajoutez 1 pincée de poivre. Réservez.

Quand les petites grenailles sont cuites, versez-les dans un saladier et ajoutez-y la tapenade en remuant afin que les pommes de terre s'imprègnent bien. Rectifiez l'assaisonnement.

Présentez dans un plat de service avec de petites piques en bois afin que chaque invité puisse picorer à sa guise !

Conseil : Les grenailles peuvent être cuites la veille et la tapenade préparée à l'avance, mais ne les mélangez qu'au dernier moment. Réchauffez les grenailles avant d'ajouter la tapenade et non l'inverse !

Pâte à crêpes

PRÉPARATION : 10 MIN
CUISSON : 2 MIN PAR CRÊPE
REPOS : 1 H
POUR ENVIRON 20 CRÊPES

> 250 g de farine
> 4 œufs
> 50 cl de lait
> 1 pincée de sel
> 1 sachet de sucre vanillé
> 30 g de beurre fondu
  + 20 g pour la cuisson
> 1 cuill. à soupe d'eau de fleur d'oranger
> quelques zestes de citron (facultatif)

Dans un saladier, tamisez la farine. Creusez un puits au centre et cassez-y les œufs. Mélangez à l'aide d'un fouet tout en incorporant petit à petit le lait. Ajoutez le sel, le sucre vanillé, le beurre fondu et l'eau de fleur d'oranger. Remuez bien pour obtenir une pâte lisse. Idéalement, laissez-la reposer 1 heure en couvrant d'un torchon.
Faites chauffer une poêle à crêpes, puis beurrez-la. Versez une louche de pâte et faites cuire à feu moyen environ 1 minute. Retournez la crêpe à l'aide d'une spatule.

Pâte à pancakes

PRÉPARATION : 10 MIN
CUISSON : 3 MIN PAR PANCAKE
POUR 6 PERSONNES

> 2 œufs
> 25 cl de lait
> 5 cuill. à soupe de beurre fondu
  + 20 g pour la cuisson
> 200 g de farine
> 4 cuill. à café de levure chimique
> 1 pincée de sel
> 1 cuill. à soupe de sucre semoule

Dans une jatte, battez les œufs avec le lait et le beurre fondu. Incorporez petit à petit la farine, la levure, le sel et le sucre tout en continuant à remuer afin d'obtenir une pâte lisse.

Beurrez légèrement une poêle à blinis et faites-la chauffer. Versez une petite louche de pâte dans la poêle sur une épaisseur d'environ 1 cm. Faites cuire à feu doux jusqu'à ce que des bulles se forment à la surface. Puis retournez le pancake. Laissez cuire 1 ou 2 minutes de plus. Ils doivent prendre une légère teinte dorée.

Pâte à blinis

PRÉPARATION : 15 MIN

REPOS : 1 H 30

CUISSON : 3 MIN PAR BLINI

POUR 12 BLINIS

> 1/2 cube de levure fraîche ou 1 sachet de levure chimique
> 60 cl de lait
> 3 œufs
> 250 g de farine
> 2 pincées de sel
> 5 cl de crème fraîche épaisse
> beurre

Délayez la levure dans 20 cl de lait tiède. Ajoutez les jaunes d'œufs et battez. Dans un saladier, versez la farine et le sel. Creusez un puits au centre et versez-y le mélange précédent. Fouettez en incorporant doucement le lait restant et la crème. Laissez reposer 1 h 30 dans un endroit tiède.

Quand la pâte est levée, montez les blancs d'œufs en neige ferme et incorporez-les délicatement.

Beurrez une poêle à blinis et versez une petite louche de pâte sur une épaisseur de 1,5 cm. Laissez cuire à feu doux 2 minutes de chaque côté. Empilez les blinis sur une assiette et couvrez-les d'un torchon. Si nécessaire, avant de servir réchauffez la pile 1 minute au four à micro-ondes.

Pâte à pain

PRÉPARATION : 30 MIN

REPOS : 3 H 20

CUISSON : 20 MIN

POUR 8 PERSONNES

Pour le bloc 1

> 350 g de farine de blé grise T110 (dans les épiceries biologiques, à défaut farine de blé)
> 60 cl d'eau tiède
> 1/2 cube de levure fraîche (dans les boulangeries)
> 1 cuill. à café de sucre semoule

Pour le bloc 2

> 600 g de farine de blé grise T110
> 2 cuill. à café de sel

Dans un saladier, mélangez le bloc 1, couvrez de film alimentaire et laissez «buller» au moins 20 minutes. Ajoutez le bloc 2 et pétrissez 10 minutes avec un robot. Mettez dans un saladier couvert d'un linge et laissez doubler de volume dans un endroit chaud au moins 2 heures. Sur un plan de travail fariné, donnez à la pâte la forme de votre choix. Posez sur une plaque de cuisson couverte de papier sulfurisé et laissez lever encore 1 heure couvert d'un linge.

Entaillez le pain et faites cuire 20 minutes à 230 °C (therm. 7-8). Une fois cuit, le pain doit sonner creux.

Cette petite crêpe facile à réaliser se déguste lors du brunch. Traditionnellement, les pancakes sont arrosés de sirop d'érable. Ils sont incontournables en Amérique du Nord où on les déguste au petit déjeuner.

Pancakes aux pommes

PRÉPARATION : 15 MIN

CUISSON : 15 MIN

POUR 4 PERSONNES

> 2 pommes (de type reine des reinettes)
> le jus de 1/2 citron
> 20 g de beurre pour la cuisson
> 30 g de sucre semoule

Pour la pâte à pancakes

> 2 œufs
> 25 cl de lait
> 5 cuill. à soupe de beurre fondu
> 200 g de farine
> 4 cuill. à café de levure chimique
> 1 pincée de sel
> 1 cuill. à soupe de sucre semoule

Préparez la pâte à pancakes. Dans une jatte, battez les œufs avec le lait et le beurre fondu. Incorporez petit à petit la farine, la levure, le sel et le sucre tout en continuant à remuer afin d'obtenir une pâte lisse.

Pelez les pommes et coupez-les en lamelles assez fines. Arrosez-les de jus de citron pour qu'elles ne noircissent pas.

Beurrez une poêle à blinis. Versez une petite louche de pâte à pancakes sur 1 cm d'épaisseur dans la poêle chaude. Disposez trois ou quatre lamelles de pommes sur le dessus de la pâte. Saupoudrez de 1/2 cuillerée à café de sucre semoule. Faites cuire environ 2 minutes à feu plutôt doux. Lorsque des bulles apparaissent sur le dessus du pancake et que le dessous est doré, retournez-le à l'aide d'une spatule. Faites-le cuire 2 minutes, les pommes doivent légèrement caraméliser. Répétez l'opération jusqu'à épuisement de la pâte.

Disposez les pancakes en pile sur un plat au fur et à mesure qu'ils sont cuits. Dégustez-les chauds.

Variante : Vous pouvez remplacer les quartiers de pomme par des rondelles de banane.

Rien ne vaut une bonne brioche maison
pour bien commencer votre brunch !
Si vous le souhaitez, ajoutez à la pâte quelques zestes d'orange. Servez la brioche accompagnée de délicieuses confitures ou de miel.

Brioche à la fleur d'oranger

PRÉPARATION : 20 MIN

CUISSON : 30 À 40 MIN

REPOS : 3 H

POUR 6 PERSONNES

> 250 g de farine
> 1 sachet de levure de boulanger (5,5 g)
> 8 cl de lait tiède
> 2 cuill. à soupe de sucre semoule
> 1 pincée de sel
> 2 cuill. à soupe d'eau de fleur d'oranger
> 80 g de beurre mou + un peu pour le moule
> 2 œufs + 1 jaune pour dorer

Dans un saladier, mélangez la farine et la levure, puis creusez un puits au centre. Versez lentement le lait tiède et mélangez avec les doigts ou à l'aide d'un batteur à vitesse lente, si vous préférez. Incorporez le sucre, le sel, l'eau de fleur d'oranger puis le beurre mou coupé en morceaux. Continuez à mélanger le tout. Ajoutez les œufs un à un. La pâte doit devenir lisse et élastique. Couvrez à l'aide d'un torchon propre et laissez reposer dans un endroit chaud pendant environ 2 heures. La pâte doit doubler de volume.

Travaillez à nouveau la pâte avec vos mains et divisez-la en trois parts égales. Donnez à chacune d'elles la forme d'une boule. Placez ces boules de pâte côte à côte dans un moule à cake beurré. Couvrez à nouveau et laissez lever encore 1 heure.

Préchauffez le four à 180 °C (therm. 6).

Mélangez le jaune d'œuf avec 1 cuillerée à soupe d'eau. À l'aide d'un pinceau, badigeonnez la pâte de ce mélange. Enfournez et faites cuire de 30 à 40 minutes. La brioche doit être bien dorée. Démoulez dès la sortie du four et laissez refroidir.

Idée : La brioche peut se présenter sous différentes formes. Ainsi, si vous avez des petits moules, vous pouvez réaliser plusieurs petites brioches individuelles que vous ne cuirez que 20 minutes.

Les scones sont un classique de l'heure du thé ou des brunchs anglais. Cette recette est très simple à réaliser. Afin de gagner du temps, préparez la pâte à l'avance et faites cuire les scones lorsque vos invités arrivent !

Scones aux raisins

PRÉPARATION : 20 MIN

CUISSON : 10 MIN

POUR ENVIRON 10 À 12 SCONES

> 225 g de farine à levure incorporée (ou 225 g de farine classique mélangée à 1 sachet de levure chimique)
> 1 cuill. à café rase de levure chimique
> 25 g de sucre en poudre
> 2 pincées de sel
> 75 g de beurre mou
> 50 g de raisins secs
> 1 œuf
> 5 cl de lait entier

Pour dorer

> 1 œuf
> 2 cuill. à soupe de lait

Préchauffez le four à 180 °C (therm. 6).

Dans un saladier, tamisez la farine et la levure, puis ajoutez le sucre et le sel. Incorporez le beurre mou puis malaxez le tout avec les doigts. La pâte doit être granuleuse. Ajoutez les raisins secs, l'œuf battu et les 3/4 du lait. Mélangez afin d'obtenir une boule. La pâte doit être souple mais pas collante, si c'est le cas, ajoutez un petit peu de farine, ou si elle est trop sèche, ajoutez le lait restant.

Farinez un plan de travail et étalez la pâte dessus à l'aide d'un rouleau à pâtisserie ou avec la paume des mains sur une épaisseur d'environ 2 cm. Découpez des disques d'environ 4 cm de diamètre à l'aide d'un emporte-pièce cannelé ou d'un verre. Disposez-les sur une plaque de cuisson antiadhésive ou recouverte de papier sulfurisé.

Préparez la dorure. Mélangez l'œuf et le lait et, à l'aide d'un pinceau, badigeonnez-en les disques de pâte.

Enfournez et faites cuire pendant environ 10 minutes, jusqu'à ce que les scones soient bien dorés et gonflés. Laissez-les tiédir et servez.

Conseil : Les scones se servent coupés en deux. Tartinez-les, selon votre goût, de beurre salé, de confiture, de miel ou de crème fouettée.

Suggestion : Servez les scones accompagnés d'une crème fouettée au sirop de violette. Pour cela, battez à l'aide d'un fouet ou d'un batteur 250 g de crème fraîche épaisse et ajoutez 4 cuillerées à soupe de sirop de violette.

Voici une recette qui a bercé l'enfance de beaucoup d'entre nous et qui ravira petits et grands. C'est un plat économique qui trouvera tout naturellement sa place sur la table de votre brunch. Servez les tranches de pain perdu avec une compotée de fruits de saison !

Pain perdu

PRÉPARATION : 30 MIN

CUISSON : 2 MIN
PAR TRANCHE ENVIRON

POUR 6 PERSONNES

> pain rassis
> 3 œufs
> 25 cl de lait
> 1 cuill. à café d'eau de fleur d'oranger
> 50 g de beurre
> 3 cuill. à soupe de cassonade

Coupez 6 tranches de pain rassis d'environ 1 cm d'épaisseur.

Dans une jatte, battez les œufs en omelette, ajoutez le lait et l'eau de fleur d'oranger. Mélangez à nouveau.

Plongez les tranches de pain rassis dans ce mélange jusqu'à ce qu'elles soient bien imbibées. Égouttez-les légèrement.

Faites fondre le beurre dans une poêle jusqu'à ce qu'il commence à se colorer. Faites-y dorer les tranches de pain. Pendant la cuisson, saupoudrez-les de cassonade afin de les caraméliser légèrement. Servez chaud.

Variante : C'est tout aussi bon avec du pain de mie brioché, du pain d'épice, ou du pain Poilâne.

Pour gagner du temps, préparez ces madeleines la veille. Vous pourrez même les conserver 2 ou 3 jours dans une boîte hermétique. N'hésitez pas à parfumer la pâte avec de l'eau de fleur d'oranger et à saupoudrer les madeleines de sucre glace.

Madeleines aux abricots et noisettes grillées

PRÉPARATION : 15 MIN

CUISSON : 10 MIN

POUR ENVIRON 18 MADELEINES

> 2 œufs
> 100 g de sucre en poudre
> 100 g de farine
> 1/2 cuill. à café de levure chimique
> 75 g de beurre fondu
  + un peu pour les moules
> 8 à 10 abricots secs
> 80 g de noisettes décortiquées

Préchauffez le four à 180 °C (therm. 6). Beurrez les moules à madeleines (sauf s'il s'agit de moules en silicone).

Dans une jatte, battez les œufs et le sucre jusqu'à obtention d'un mélange mousseux. Incorporez la farine et la levure en les tamisant.

Dans une autre jatte, mélangez le beurre fondu avec 2 cuillerées à soupe d'eau. Réservez. Découpez en petits cubes les abricots secs et ajoutez-les au beurre chaud, ils seront ainsi plus moelleux.

Faites griller les noisettes dans une petite poêle pendant 1 ou 2 minutes en les remuant pour éviter qu'elles ne brûlent. Hachez-les ensuite finement à l'aide d'un couteau.

Incorporez le beurre aux abricots et les noisettes concassées à la première préparation. Remuez. À l'aide d'une cuillère à soupe, remplissez de pâte les alvéoles du moule préalablement beurrées aux 2/3 de leur hauteur. Enfournez et faites cuire 10 minutes, jusqu'à ce que les madeleines aient une jolie teinte dorée.

Conseil : Si vous voulez que vos madeleines soient bien bossues, laissez la pâte reposer 1 heure au réfrigérateur avant de remplir les moules.

Ces muffins seront encore plus savoureux accompagnés d'une confiture de myrtilles...

Muffins aux myrtilles

PRÉPARATION : 10 MIN

CUISSON : 20 À 25 MIN

POUR 12 MUFFINS

> 100 g de beurre mou
> 180 g de sucre en poudre
> 3 œufs
> 360 g de farine
> 15 g de levure chimique
> 1 pincée de sel
> 25 cl de lait
> 200 g de myrtilles

Préchauffez le four à 200 °C (therm. 6-7).

Dans une jatte, mélangez le beurre et le sucre à l'aide d'un fouet. Ajoutez les œufs un à un, en continuant de battre énergiquement jusqu'à ce que la consistance soit crémeuse et légère.

Dans une autre jatte, mélangez la farine, la levure et le sel. Incorporez cette préparation au mélange beurre-œufs-sucre tout en ajoutant progressivement le lait. Mélangez pour obtenir une pâte lisse et homogène.

Ajoutez les myrtilles délicatement à la pâte, sans trop remuer pour ne pas abîmer les fruits.

Répartissez la pâte dans des caissettes en papier ou dans des moules en silicone jusqu'aux 2/3 de leur hauteur. Enfournez et faites cuire de 20 à 25 minutes. Les muffins doivent être dorés. Laissez refroidir 5 minutes puis démoulez.

Conseil : Si vous utilisez des myrtilles surgelées, ne les décongelez pas, pour éviter de décolorer la pâte à muffins.

Variante : Avec des groseilles ou des framboises, c'est aussi délicieux !

Le véritable cheesecake est d'origine new-yorkaise. Les ingrédients traditionnels étant parfois difficiles à trouver en France, n'hésitez pas à les remplacer par des produits approchants et typiquement français.
Le résultat sera tout aussi bon. Sinon vous trouverez le fameux « cream cheese » et les « digestive biscuits » dans les épiceries fines, les épiceries anglo-saxonnes ou même sur Internet.

Cheesecake au citron

PRÉPARATION : 30 MIN

CUISSON : 1 H 15

POUR 8 PERSONNES

Pour la pâte

> 250 g de biscuits sablés (type digestive biscuits, bastogne, spéculos...)
> 60 g de beurre
> 25 g de sucre semoule

Pour la garniture

> 600 g de fromage frais à tartiner (cream cheese Philadelphia, fromage frais à tartiner)
> 350 g de sucre semoule
> 4 cuill. à soupe de crème liquide
> 4 œufs entiers + 2 blancs
> 25 g de farine
> le jus et le zeste râpé de 1 citron

Préchauffez le four à 200 °C (therm. 6-7).

Préparez la pâte. Écrasez les sablés à l'aide d'un rouleau à pâtisserie. Faites fondre le beurre au four à micro-ondes. Dans un saladier, mélangez les biscuits, le beurre et le sucre. Prenez un moule à charnières amovibles d'environ 28 cm de diamètre. Découpez un disque de papier sulfurisé de la taille du moule et posez-le sur le fond. Étalez la pâte à l'aide d'une cuillère dans le moule, en appuyant bien pour tasser la préparation. Vous devez obtenir une épaisseur régulière d'environ 1 à 1,5 cm.

Préparez la garniture. Dans un saladier, mélangez le fromage frais, le sucre et la crème liquide. Quand le mélange est devenu onctueux, ajoutez les 4 œufs entiers, la farine ainsi que le jus et le zeste du citron. Remuez à nouveau. Battez les blancs d'œufs en neige et incorporez-les au mélange. Versez cette préparation à base de cream cheese sur le fond de pâte.

Enfournez et faites cuire 15 minutes. Éteignez ensuite le four en laissant le cheesecake continuer à cuire à l'intérieur pendant environ 1 heure. Placez-le au frais au moins 4 heures.

Conseil : Utilisez un moule à charnière amovible, indispensable pour démouler et couper le gâteau et préparez-le la veille, il sera encore plus savoureux !

Voici une recette simplissime à réaliser et qui sera particulièrement appréciée... Elle est saine et équilibrée, idéale pour commencer un brunch !

Fromage blanc aux céréales et fruits frais

PRÉPARATION : 20 MIN

POUR 4 PERSONNES

> 500 g de fromage blanc ou de yaourt nature
> 4 cuill. à soupe de sucre semoule ou 3 cuill. à soupe de miel
> 1 pomme
> 1 kiwi
> 1 banane
> 1 mangue
> 150 g de fraises
> 200 g de céréales type muesli

Dans un bol, mélangez le fromage blanc et le sucre ou le miel, selon vos goûts.

Pelez la pomme, le kiwi, la banane et la mangue. Lavez les fraises. Coupez tous les fruits en morceaux, comme vous le feriez pour une salade de fruits. Réservez.

Prenez une coupelle ou un verre et disposez dans le fond environ 50 g de céréales, puis ajoutez environ 125 g de fromage blanc (ce qui correspond à la valeur d'un yaourt). Disposez ensuite par-dessus des fruits frais coupés en morceaux. Préparez ainsi quatre coupelles. Il n'y a plus qu'à déguster !

Conseils : Ajoutez un coulis de fruits rouges (framboises, fraises...) qui nappera les fruits et parfumera le fromage blanc. Bien évidemment, utilisez les fruits que vous souhaitez dans cette recette. Laissez libre cours à votre imagination et utilisez de préférence des fruits de saison ! Vous pouvez aussi varier les céréales si vous le désirez (muesli croustillant, flocons d'avoine, blé soufflé, etc.). Cette recette constitue en outre un excellent moyen de faire manger des fruits aux enfants.

Pour ceux qui ne jurent que par le chocolat, laissez-vous tenter par ces délicieuses crèmes qui ont un doux parfum d'enfance. Optez plutôt pour du chocolat de bonne qualité, vos crèmes n'en seront que meilleures !

Crèmes au chocolat

PRÉPARATION : 20 MIN

CUISSON : 30 MIN

POUR 6 À 8 POTS DE CRÈME

> 150 g de chocolat noir
> 15 cl de lait entier
> 25 cl de crème liquide
> 4 jaunes d'œufs
> 40 g de sucre en poudre

Préchauffez le four à 150 °C (therm. 5).

Coupez le chocolat en petits morceaux à l'aide d'un grand couteau. Réservez. Faites chauffer le lait et la crème dans une casserole à feu doux. Dès le début de l'ébullition, versez petit à petit le chocolat en prenant soin de bien remuer à chaque fois. Vous devez obtenir un mélange parfaitement lisse.

Dans une jatte, mélangez les jaunes d'œufs et le sucre à l'aide d'un fouet. Ajoutez la préparation au chocolat et mélangez à nouveau.

Disposez des petits pots en verre ou des ramequins en porcelaine dans un plat à four. Versez la crème chocolatée dans les petits pots jusqu'aux 3/4 de leur hauteur. Remplissez le plat à gratin d'eau bouillante : elle doit arriver à mi-hauteur des pots. Enfournez et faites cuire pendant 30 minutes.

Retirez les petits pots du bain-marie et laissez-les refroidir, puis placez-les au frais pendant une bonne demi-journée.

Variante : Préparez une crème à la vanille en remplaçant le chocolat par une gousse de vanille fendue en deux dans le sens de la longueur. Grattez les graines et incorporez-les au lait et à la crème.

LAIT FRAIS

Les jus de fruits frais

Il est très important de choisir des fruits très frais afin de bénéficier au mieux de leurs vitamines.

Si vous trouvez que les jus d'orange ou de pamplemousse sont trop acides, n'hésitez pas à casser cette acidité en ajoutant une cuillerée à café de sucre.

Les jus de fruits sont idéals pour accompagner un brunch !

Les milk-shakes

Contrairement au smoothie, le milk-shake, comme son nom l'indique, contient des produits laitiers. Il s'agit le plus souvent de lait, mais on peut aussi utiliser une boule de glace ou un yaourt !

Il contient également des fruits frais que l'on mixe avec le lait. Sa texture est très onctueuse mais il est plus calorique que le smoothie.

Pensez à utiliser les fruits trop mûrs dont personne ne veut chez vous pour réaliser vos milk-shakes.

Les smoothies

Le smoothie est une boisson saine à la texture onctueuse. C'est un excellent moyen de manger régulièrement des fruits.

Ils se composent de fruits frais (ou surgelés) mixés, mélangés à un jus de fruits, frais de préférence.

La consistance d'un smoothie est proche de celle d'un milk-shake, mais il ne contient pas de produits laitiers. Il peut cependant contenir du lait de soja ou de coco.

Les smoothies sont très faciles à réaliser et à personnaliser. Créez vos propres recettes au gré de vos envies et de votre corbeille à fruits. Vous serez toujours agréablement surpris !

Les cocktails

À consommer avec modération, bien évidemment !

Le cocktail trouvera particulièrement sa place sur la table de votre slunch. Il rendra l'ambiance plus conviviale et plus festive.

Le bloody mary et le mimosa sont deux cocktails très prisés, mais rien n'empêche d'en proposer d'autres, à base de rhum, de tequila ou encore de gin. Mariez ces alcools avec des jus de fruits ou des fruits mixés et vous obtiendrez de délicieux cocktails !

Orange et pamplemousse pressés

PRÉPARATION : 5 MIN
POUR 2 VERRES

> 2 oranges
> 1 pamplemousse rose

Coupez les fruits en deux. Pressez-les à l'aide d'un presse-agrumes. Versez le jus dans deux grands verres. Ajoutez un ou deux glaçons, si vous le souhaitez. Servez.

Conseil : Ciselez 4 ou 5 feuilles de menthe et ajoutez-les.

Jus de mandarine et d'orange sanguine à la bergamote

PRÉPARATION : 5 MIN
POUR 2 VERRES

> 4 mandarines
> 2 oranges sanguines
> 2 ou 3 gouttes d'extrait de bergamote

Coupez les agrumes en deux. Pressez-les à l'aide d'un presse-agrumes. Versez le jus dans deux grands verres. Ajoutez 2 ou 3 gouttes d'extrait de bergamote. Ajoutez un ou deux glaçons, si vous le souhaitez. Servez.

Jus de poire, pomme et ananas

PRÉPARATION : 5 MIN
POUR 2 VERRES

> 1 pomme
> 1 poire
> 1/2 ananas

Pour ce jus de fruits, utilisez une centrifugeuse. Pelez la pomme, la poire et le demi-ananas et coupez-les en gros morceaux. Mettez-les petit à petit dans la centrifugeuse. Si le jus est trop épais, allongez-le avec 10 cl d'eau.

Versez dans deux verres et consommez tout de suite car ce jus de fruit s'oxyde très vite.

Variante : Vous pouvez réaliser des jus avec d'autres fruits : pêches, fraises, kiwis…

Milk-shake fraise-basilic

PRÉPARATION : 5 MIN

POUR 1 VERRE

- > 100 g de fraises
- > 20 cl de lait froid
- > 4 glaçons
- > 1 cuill. à soupe de sucre semoule
- > 3 feuilles de basilic

Équeutez et lavez les fraises. Mettez-les dans le bol d'un blender (réservez-en une pour le décor) et ajoutez le lait froid, les glaçons, le sucre et les feuilles de basilic. Mixez le tout quelques secondes. Le milk-shake doit être mousseux et onctueux. Décorez en faisant une entaille sur la fraise réservée et en la positionnant sur le bord du verre.

Servez aussitôt.

Milk-shake mangue-coco

PRÉPARATION : 5 MIN

POUR 1 VERRE

- > 1 mangue
- > 10 cl de lait de coco froid
- > 10 cl de lait froid

Pelez la mangue, coupez-la en morceaux et mettez ceux-ci dans le bol d'un blender. Ajoutez le lait de coco et le lait. Mixez le tout quelques secondes jusqu'à ce que la consistance soit mousseuse.

Conseil : Si vous n'avez pas de mangue, utilisez 15 cl de sorbet à la mangue.

Smoothie banane-kiwi-pomme

PRÉPARATION : 5 MIN

POUR 1 VERRE

- > 1/2 banane
- > 2 kiwis
- > 10 cl de jus de pomme

Pelez la banane et les kiwis, coupez-les en morceaux et mettez-les dans le bol d'un blender. Ajoutez le jus de pomme et mixez quelques secondes. Si vous désirez que votre smoothie soit bien frais, ajoutez quelques glaçons, que vous mixerez en même temps que les fruits.

Servez aussitôt.

Smoothie framboise-litchi

PRÉPARATION : 5 MIN

POUR 1 VERRE

- > 100 g de litchis au sirop (en conserve) ou 100 g de litchis frais en saison
- > 10 cl du sirop contenu dans la boîte des litchis
- > 100 g de framboises fraîches ou surgelées

Égouttez les litchis en conservant le sirop. Versez les framboises et les litchis dans le bol d'un blender. Mixez quelques secondes, puis ajoutez le sirop de litchi. Mixez à nouveau.

Servez aussitôt.

Le bloody mary se prépare directement dans le verre. Il a été inventé en Angleterre, sous le règne de la reine Marie Tudor (que l'on surnommait « Bloody Mary », la reine sanglante). Le mimosa a été inventé à Paris par un barman de l'hôtel Ritz en 1925. Tous deux conviennent parfaitement pour un slunch !

Bloody mary

PRÉPARATION : 5 MIN

POUR 1 VERRE

> 12 cl de jus de tomate
> 4 cl de vodka glacée
> 1 cuill. à soupe de jus de citron
> 1 cuill. à soupe de Worcestershire sauce
> quelques gouttes de Tabasco
> sel de céleri

Versez dans un verre le jus de tomate, la vodka, le jus de citron et la Worcestershire sauce. Ajoutez quelques gouttes de Tabasco et 1 pincée de sel de céleri. Mélangez et dégustez.

Suggestion : Ajoutez une rondelle de citron.

Mimosa

PRÉPARATION : 5 MIN

POUR 1 VERRE

> 6 cl de jus d'orange
> 1/2 cl de liqueur d'orange (style Grand-Marnier ou Cointreau)
> 10 cl de champagne

Préparez le cocktail directement dans une flûte où une coupe. Versez le jus d'orange et la liqueur dans le verre puis complétez avec le champagne. Dégustez bien frais.

BRAND
PEPPER SAUCE

Chocolat chaud

PRÉPARATION : 5 MIN
CUISSON : 5 MIN
POUR 4 TASSES

> 50 cl de lait
> 25 cl de crème liquide entière
> 150 g de chocolat noir
> 4 cuill. à soupe de sucre semoule

Versez le lait et la crème dans une casserole et faites chauffer à feu doux. À l'aide d'un couteau, coupez le chocolat en petits morceaux et ajoutez ceux-ci au lait. Remuez à l'aide d'un fouet pour rendre le mélange mousseux jusqu'à ce que le chocolat ait fondu. Dès les premiers bouillons retirez la casserole du feu et ajoutez le sucre. Fouettez à nouveau. Servez.

Conseil : Pour une texture plus veloutée, mixez le chocolat chaud.

Lait chaud au miel de lavande

PRÉPARATION : 5 MIN
CUISSON : 5 MIN
POUR 4 TASSES

> 75 cl de lait
> 4 cuill. à café de miel de lavande

Faites chauffer le lait dans une casserole à feu très doux. Ajoutez le miel en remuant tout doucement. Quand le lait commence à frémir, retirez-le du feu et servez.

Variante : Pour ceux qui ne supportent pas le lait, réalisez cette recette avec du lait de soja ou du lait d'amande.

Infusion au thym et à la verveine

PRÉPARATION : 5 MIN
CUISSON : 5 MIN
POUR 4 TASSES

> 10 feuilles de verveine fraîche ou séchée
> 3 brins de thym frais ou 1 cuill. à café rase de thym séché

Passez sous l'eau les feuilles de verveine fraîche et le thym frais. Si vous n'avez pas ces herbes aromatiques chez vous, vous les trouverez en sachet chez un herboriste ou dans les épiceries biologiques. Mettez la verveine et le thym dans le fond d'une théière. Portez à ébullition 1 litre d'eau, puis versez-la sur les herbes. Laissez infuser 10 minutes. Servez et, si nécessaire, sucrez avec un peu de miel.

Café et chantilly vanillée

PRÉPARATION : 10 MIN
CUISSON : 5 MIN
POUR 4 TASSES

> 1 gousse de vanille
> 12 cl crème liquide
> 15 g de sucre glace
> 50 cl de café

Placez un saladier, les fouets d'un batteur et la crème liquide 1 heure au frais pour bien les refroidir.

Versez la crème liquide dans un bol. Fendez la gousse de vanille en deux dans le sens de la longueur et, à l'aide d'un couteau, grattez l'intérieur pour en retirer les graines. Mélangez celles-ci à la crème. Fouettez à l'aide du batteur en ajoutant petit à petit le sucre glace jusqu'à ce que la consistance soit ferme. Servez le café chaud et, à l'aide de 2 cuillères à soupe, déposez une quenelle de chantilly vanillée dans chaque tasse.

TABLE DES ÉQUIVALENCES FRANCE-CANADA

POIDS

55 g	2 onces	200 g	7 onces	500 g	17 onces
100 g	3 onces	250 g	9 onces	750 g	26 onces
150 g	5 onces	300 g	10 onces	1 kg	35 onces

Ces équivalences permettent de calculer le poids à quelques grammes près (en réalité, 1 once = 28 g).

CAPACITÉS

25 cl	1 tasse	75 cl	3 tasses
50 cl	2 tasses	1 l	4 tasses

Pour faciliter la mesure des capacités, une tasse équivaut ici à 25 cl (en réalité, 1 tasse = 8 onces = 23 cl).

Textes et recettes Corinne Jausserand
Photographies Caroline Faccioli

Direction éditoriale Véronique de Finance-Cordonnier
Édition Julie Tallet
Direction artistique Emmanuel Chaspoul
Mise en page Martine Debrais
Lecture-correction Christine Jost
Couverture Véronique Laporte
Fabrication Annie Botrel

Corinne Jausserand remercie vivement : Jeanine Cros pour son magnifique linge ancien -11, rue d'Assas – 75016 PARIS, La boutique Maison des rêves : www.maisonsdesreves.com, Montgolfier pour ses créations en grès : www.montgolfier.fr, Astier de Villatte pour ses céramiques : www.astierdevillatte.com, E.W. pour ses jolis objets de brocante : 2, rue St-Paul - 75004 PARIS, Kitchen Aid pour le prêt de leur robot sur socle Artisan – www.kitchenaid.fr.
Un grand merci à : Sandrine, Adeline, maman et à Maminou qui ont ouvert leurs armoires pour me prêter de jolis objets pour ces photos. Un petit clin d'œil à Poussy, Virginie, Françoise, Chantal et Emmanuelle avec lesquelles j'ai testé quelques recettes durant l'été. Merci à Caroline et à tous ceux qui m'ont aidée et encouragée pour la réalisation de cet ouvrage que je dédie à Louise et à Clarisse.

© Larousse 2010

Toute reproduction ou représentation intégrale ou partielle, par quelque procédé que ce soit, du texte et/ou de la nomenclature contenus dans le présent ouvrage, et qui sont la propriété de l'Éditeur, est strictement interdite.

Les Éditions Larousse utilisent des papiers composés de fibres naturelles, renouvelables, recyclables et fabriquées à partir de bois issus de forêts qui adoptent un système d'aménagement durable. En outre, les Éditions Larousse attendent de leurs fournisseurs de papier qu'ils s'inscrivent dans une démarche de certification environnementale reconnue.

ISBN 978-2-03-585105-5

Photogravure Turquoise, Émerainville
Imprimé en Espagne par Graficas Estella, Estella
Dépôt légal : mars 2010
304063/01 – 11010161 février 2010